AF454743

UNIVERSITÉ IMPÉRIALE.

FACULTÉ DE DROIT DE STRASBOURG.

DISSERTATION

SUR

L'HISTOIRE DE LA COMMUNAUTÉ DE BIENS ENTRE ÉPOUX,

D'APRÈS L'ANCIEN DROIT FRANÇOIS ET LES COUTUMES DES DÉPARTEMENS ANSÉATIQUES;

Soutenue, le Lundi 31 Août 1812, à quatre heures de relevée, à l'Auditoire de la Faculté de Droit,

POUR OBTENIR LE GRADE DE LICENCIÉ;

PAR

THÉOD.-LOUIS-ERNEST BESSEL,

BACHELIER EN DROIT,

DE MINDEN, DÉPART. DE L'EMS SUPÉRIEUR.

STRASBOURG,

De l'imprimerie de LEVRAULT, impr. de la Faculté de Droit.

M. Hermann, Doyen de la Faculté, membre de la Légion
d'Honneur.

EXAMINATEURS:

MM. Hermann,
    Frantz,
    Thieriet,   } Professeurs.
    Spielmann, Suppléant.

*La Faculté n'entend approuver ni désapprouver les opinions
particulières aux Candidats.*

A MONSIEUR

DE SERRE,

PREMIER PRÉSIDENT DE LA COUR IMPÉRIALE

DE HAMBOURG.

*Hommage présenté par le sentiment
du plus profond respect.*

T. L. E. BESSEL.

HISTOIRE
DE LA COMMUNAUTÉ DE BIENS
ENTRE ÉPOUX.

PREMIÈRE PÉRIODE.

César et Tacite.

L'HISTOIRE ne nous apprend rien des lois et des usages des premiers habitans de la Gaule et de la Germanie. A peine savons-nous que ces contrées furent peuplées par la grande nation des Celtes. Sortie, il semble, des bords de la mer Noire, elle transporta ses pénates dans l'Europe occidentale. [1]

La Germanie, située sous un ciel âpre et rigoureux, inculte encore au temps de Tacite, étoit couverte de bois et de marais. Ses peuples, séparés par d'immenses forêts des nations auxquelles un climat plus prospère avait prodigué les dons de la culture, ne furent point éclairés des lumières de la civilisation. Redoutant les richesses, comme ennemies de l'indépendance, ils envisagèrent la pauvreté comme le plus ferme soutien de la liberté [2]. Ils demeurèrent dans leur sauvage indépendance, et conservèrent avec l'ancienne barbarie, la simplicité des mœurs antiques. La valeur et la bonne foi faisoient leurs vertus, l'équité fondoit leurs coutumes. Les Mœurs des Germains, par TACITE, sont la première histoire de la Gaule.

Les propriétés foncières d'un père de famille consistoient dans sa maison, entourée d'une enceinte [3]; tous les autres fonds de

---

1 Histoire des Celtes, par PELLOUTIER; à la Haye, 1760, vol. 1, chap. 1 et 3.
2 Histoire des Celtes, liv. II, chap. 14, p. 502.
3 Esprit des lois, liv. XVIII, chap. 22.

terre appartenoient à la commune, et étoient tous les ans réparties entre ses membres[1]. Les meubles avoient peu de valeur; nécessaires à l'économie de la maison, ils y restoient attachés[2]. Le fonds de famille passoit aux fils, obligés à la défense de la famille; à leur défaut, il étoit dévolu aux père et mère du défunt, ou aux parens collatéraux, unis réciproquement par le lien de la vengeance. Ce lien de défense et de vengeance étoit devenu une charge des immeubles.

La fille quittoit par le mariage sa famille; c'est pourquoi elle étoit exclue de la succession des immeubles. En confiant son sort à son mari, elle attendoit de lui sa fortune, et le lien conjugal l'obligeoit à le suivre pendant la paix, comme dans les combats. Souvent on a vu des femmes germaines soutenir, dans les combats, les lignes chancelantes, ou se donner la mort après une défaite.[3]

Les effets qu'apportoit la femme en mariage, donnés comme gage d'amour et de fidélité, se réduisoient à des objets de peu de valeur. Le mari en devenoit propriétaire.

Le mari constituoit à son épouse une dot destinée à l'entretenir, si elle lui survivoit; elle étoit stipulée en présence des parens.

« Le guerrier germain présentoit à la jeune fille un bouclier, « une lance ou une épée. Cette allégorie rappeloit que l'épouse « s'engage à suivre la fortune du mari. Il lui promettoit des bœufs, « un cheval enharnaché et une portion de ses biens[4], dont elle « auroit l'usufruit à sa mort, à charge de les transmettre à ses « enfans, lorsqu'elle viendroit à lui survivre.[5] »

---

1 *Cæsar in B. G. Lib. VI*, cap. 22.

2 *Struv. Jurisp. heroica*, vol. 3, cap. 1, §. 7. — *Strubens rechtliche Nebenstunden; Hannover*, 1766, tom. 5, p. 271.

3 *Valerius Maximus*, lib. I, cap. 1, *in fine*; *Florus*, *l. III*, c. 3, sur la défaite des Cimbres et des Teutons, par Marius.

4 *Gundling, de Empt. uxoris*, cap. 2, §. 7. — *Struve, Jurisp. heroica*, cap. 1, sect. 1, §. 10, vol. 3.

5 *Mores Germ.*, édit. Lipsii, cap. 18.

L'abondance d'un sol fertile, secondé par un climat heureux, donna de bonne heure aux Gaulois l'idée de lui confier des récoltes. Ils sortirent de l'état sauvage, et le commerce, facilité par un pays entrecoupé de fleuves et ceint par la mer, les rapprocha des nations policées. Mais la civilisation fit périr l'antique énergie, et les courba sous le joug des Romains.

La vengeance privée des injures fut supprimée. Les Druides étoient magistrats et juges, au temps de César[1]. Le lien politique des familles étoit dissous. La succession des immeubles étoit égale.

Les apports de la femme étoient considérables[2]. Ils furent soustraits à la disposition du mari. La dot du mari n'étoit plus nécessaire ; il mit à sa place une somme égale au montant des apports. Les fruits de cette masse, fournie par égale contribution, furent réservés jusqu'à la dissolution du mariage, et l'on laissa dépendre de la survie, si la femme hériteroit de la masse, ou si celle-ci resteroit au mari. [3]

On reconnoît aisément que cette communauté est fondée sur la coutume matrimoniale des Germains.

La Gaule méridionale, changée en province par Fabius et par César, fut soumise aux lois romaines. La partie septentrionale, endeçà de la Loire, ne fut réduite en province que par Messala[4]. Un sénatusconsulte rendu sous Auguste lui assura ses coutumes[5].

---

1 *B. G. lib. VI, cap.* 13 *sq.* — V. aussi Bernardi, Révolutions du Droit françois.

2 *Jurisprud. heroica, vol.* 3*, cap.* 1.

3 *B. G. lib.* 6*, cap.* 19. *Viri, quantas pecunias ab uxoribus dotis nomine acceperunt, tantas ex suis bonis, æstimatione facta, cum dotibus communicant. Hujus pecuniæ conjunctim ratio habetur, fructusque servantur. Uter eorum vita superarit, ad eum pars utriusque cum fructibus superiorum temporum pervenit.*

4 D'Anville, Notice sur la Gaule ; Paris, 1760, 1 vol. in-4.° p. 3 - 6.

5 Grosley, Recherches sur le Droit françois, 1752, sect. 2, chap. 1. Il cite Plin. *Hist. naturalis, lib. IV.*

Elles ne furent altérées par le Droit romain que dans certains contrats.[1]

Aucun document des temps postérieurs ne nous fait connoître leurs dispositions. Nous savons qu'elles furent conservées, à travers les Codes barbares, jusqu'à l'anarchie féodale[2]. Alors altérées et défigurées, nous en trouvons peut-être des traces dans les chartes des communes, qui regénérèrent, au douzième siècle, le tiers-état.[3]

DEUXIÈME PÉRIODE.

Depuis les révolutions du cinquième siècle, jusqu'à l'anarchie féodale.

Il y a dans les lois Saliques et Ripuaires, dans celles des Allemands, des Bavarois, des Thuringiens et des Frisons, une simplicité admirable : on y trouve une rudesse originale et un esprit qui n'avoit point été affoibli par un autre esprit.

Les lois des Visigoths, des Lombards, des Bourguignons, perdirent beaucoup de leur caractère, parce que ces peuples, qui se fixèrent dans leurs nouvelles demeures, perdirent beaucoup du leur.

(Esprit des lois, liv. 28, chap. 1.er)

Les nations germaniques conservoient encore les mœurs et les usages qui les avoient caractérisées au temps de Tacite[4], lorsque les Huns sortirent de leurs solitudes, chassèrent quelques-uns de ces peuples de leurs territoires, et donnèrent à d'autres l'idée de se transporter sous d'autres climats.

---

1 BERNARDI, Révol. du Droit françois.

2 GROSLEY, Recherches sur le Droit françois, sect. 3, chap. 1, §. 1.

3 Ordonnances du Louvre, vol. 11.

4 Mémoire de VERTOT, dans l'Histoire de l'académie des inscriptions et belles-lettres, vol. 2, p. 611. Esprit des lois, liv. XXX, chap. 2.

Les Francs, nation fédérée sous un nom qui exprime sa liberté[1], originaires des pays que bornent le Rhin, le Mein, le Wéser et l'Elbe[2], ravagèrent à la même époque la Gaule. Ils y acquirent quelques connoissances de propriété et de nouveaux besoins[3]. Enfin ils abandonnèrent pour toujours leurs forêts, franchirent sous Clovis les limites de la Gaule, et conquirent une province qui leur offrit ses trésors pour prix de leurs victoires.

Les Goths et les Bourguignons, issus de cette partie de la Germanie qui s'étend du Danube à la Vistule, arrêtèrent à la Loire les conquêtes des Francs.[4]

Ces nations, expulsées par les Huns, avoient plutôt cherché un asile dans les confins de la Gaule, qu'un théâtre de leurs victoires. Menacées par les Romains, entourées de peuples qui avoient fui leur ancienne patrie, elles ne méconnurent pas qu'il falloit se concilier les Gaulois, pour consolider leur empire.

Les Visigoths et les Bourguignons laissèrent aux vaincus leurs lois; ces nations observèrent quelque principe d'équité dans le partage des terres, et donnèrent aux Gaulois leurs droits politiques.[5] Mais ces mesures n'atteignirent pas leur but : car, tombant dans le défaut contraire, ces peuples échangèrent une partie de leurs mœurs énergiques contre les usages d'une nation énervée. Ils lâchèrent les ressorts du lien politique, au lieu de les affermir, et leurs guerriers succombèrent bientôt sous le fer des Francs.

Clovis avoit rassemblé sous un sceptre les Francs Saliens et les Ripuaires. Il leur associa quelques nations confédérées moins puissantes[6]. Il défit Attila; puis les Romains. Les Visigoths, les

---

1 WIARDA, *Geschichte und Auslegung des salischen Gesetzes*, 1808, §. 1.
2 M. KOCH, Tableau des révolutions de l'Europe, 1.re période.
3 MABLY, Observat. sur l'hist. de France, liv. I.er, chap. 1.
4 Grégoire de Tours, liv. II, chap. 27.
5 Esprit des lois, liv. XXVIII, chap. 1. MABLY, Observ. liv. I.er, chap. 7.
6 M. KOCH, Tableau des révolutions de l'Europe, 1.re période.

Allemands et les Thuringiens, ne resistèrent point à ses armes victorieuses. Ses fils bouleversèrent la Bourgogne, et presque toute la Gaule obéit aux Francs.

Ces derniers avoient obtenu ces résultats par une constitution politique très-consolidée. Leurs succès durent la leur rendre tous les jours plus précieuse. Rassurés par leurs victoires, ils craignoient trop peu les vaincus pour songer à les incorporer à leur nation. Ils s'approprièrent des biens des Gaulois ce qu'ils trouvèrent à leur bienséance. Tout devint dépendant de la volonté arbitraire des vainqueurs [1]. Le prince, ni les magistrats, n'avoient le droit de contenir les excès d'une liberté personnelle, qui dégénéroit presque toujours en licence : peut-être qu'on eût réduit les Gaulois en esclavage, si le législateur ne leur avoit point sauvé la liberté, en estimant le sang d'un Gaulois une fois moins que celui d'un Franc. Les nations barbares, réduites par ce peuple, furent soumises à une distinction moins humiliante. [2]

Les coutumes des Francs étoient trop grossières pour leur soumettre un peuple livré au commerce et aux arts [3]. Trop peu versés dans les principes d'une politique réfléchie pour établir une législation universelle, les Francs laissèrent aux nations vaincues les lois qu'elles avoient suivies jusqu'alors, et le principe s'établit, que les lois ont force personnelle [4]. Les Gaulois du Midi continuèrent à être régis par les codes Hermogénien, Grégorien et de Théodose. Ceux du Nord conservèrent leurs coutumes.

---

1 Mably, Observ. liv. I.er, chap. 2.

2 *Lex Salica*, édit. de Pithou et de J. Bignon, de 1665. — L. *Ripuariorum*, dans la collection des Codes barbares, de Lindenbrock, édit. de 1693, pag. 450. La composition ordinaire d'un Franc étoit de 200 s. ; celle d'un Romain de 100 s., et celle d'un Barbare de 160 sols. Le sol salien est évalué par Daniel, Hist. de France, vol. 2, pag. 148, à 8 liv. 5 s. ; par Wiarda, §. 108, à 13 liv. ; et le sol ripuaire à 4 liv. On frappa 20 sols d'une livre d'argent de 12 onces; Mably, liv. 4, chap. 2.

3 Groslet, Recherches sur le Droit françois, sect. 3, ch. 1.

4 Bernardi, Révol. du Droit françois.

On laissa aux Visigoths et aux Bourguignons leurs codes. Les Francs même conservèrent leurs lois[1]. Sept assesseurs, pris de la nation de celui contre lequel le procès étoit intenté, prononçoient d'après les lois du défendeur[2]. Les ducs, les comtes, et les centeniers, leurs vicaires, veillèrent à ce que ces lois fussent maintenues.

La nation victorieuse regarda la jouissance des droits politiques qu'elle s'étoit réservés, comme attachée aux lois des vainqueurs. Elle permit aux nations soumises de l'acquérir, en se soumettant à ces lois; mais il n'y eut que les Gaulois du Nord qui renoncèrent quelquefois à leurs coutumes, et étendirent par là l'empire des lois saliques et ripuaires dans le Nord de la Gaule. Cette renonciation contribua à supprimer les coutumes gauloises, dont nous rechercherions vainement les traces.

La punition des crimes et des injures n'étoit point soumise à la magistrature chez les nations d'origine germanique; on permit à l'offensé même de se venger. Mais les suites de cette vengeance privée et héréditaire furent éludées : on obligea l'offensé de recevoir une expiation en argent ou autres objets de valeur.

Cette expiation, appelée *vueregildum* ou *compositio*, par les Codes barbares, passoit aux fils; à leur défaut, aux père et mère.

---

1 Prologue de la loi salique, un chef-d'œuvre d'éloquence. Capitulaire de Clotaire II, chap. 4, dans les Capitulaires de Baluze, de 1780, vol. 1, pag. 7 : *Inter Romanos negotia causarum romanis legibus præcipimus terminari.* Formules de Marculfe, édit. de de J. Bignon, 1665, liv. I.ᵉʳ, form. 8, p. 18. Édit de Pistes, de Charles-le-Chauve; Baluze, vol. 2, p. 174. *Histor. jur. Gallic.* Silberrad, §. 6, *edit. de 1754, pag.* 1079. — Grosley, Recherches sur le Droit françois, sect. 3, chap. 1. Je transcris l'endroit de Marculfe : *Charta de ducatu, comitatu vel patriciatu : Ita ut semper erga regimen nostrum fidem inlibatam custodias, et omnes populi ibidem communicantes, tam Franci, Romani, Burgundiones, vel reliquæ nationes, sub tuo regimine vel gubernatione degant et moderentur, et eos recto tramite secundum legem et consuetudinem eorum regas.*

2 *Tunc Grafio secum congreget septem Rachinburgios.* L. salique, tit. 52, art. 1. L. ripuaire, tit. 57. Capit. de Charlem. liv. 3, c. 49. C'est l'origine du jugement par pairs.

de l'offensé, ou à ses parens en ligne collatérale jusqu'au cinquième degré. Ces parens étoient aussi tenus de la composition, si l'offenseur étoit insolvable [1]. La succession des immeubles suivoit la même marche, et les filles, appartenant par le mariage à une autre famille [2], étoient exclues des biens dont on avoit hérité de ses pères [3]. Le père avoit cependant le droit de les rappeler à la succession [4]; elles étoient réduites aux meubles et aux acquêts, ordinairement d'aucune valeur [5], s'il n'avoit pas usé de ce pouvoir.

Le mari achetoit la femme de ses parens [6]; cet usage étoit reçu chez tous les peuples d'origine germaine [7]. L'achat rendoit le mari maître de la personne de la femme. Ce pouvoir du mari est appelé *mundium*, par les Codes barbares [8]; il obligeoit la femme à suivre

---

[1] Tit. 61 de la loi salique.

[2] WIARDA, *salisches Gesetz*, §. 92. STRUV. *Jurisp. heroica*, v. 3, §. 7, cap. 1.

[3] ALODE, de *Al* tout, *od* propriété; *hereditas aviatica, terra paterna et salica*, sont synonymes. V. MABLY, Observ. remarque 7 au chap. 5, liv. II; WIARDA, §. 91; Esprit des lois, liv. XVIII, chap. 22. Cet ordre de succession est déterminé, loi salique, titre 62, §. 6; loi ripuaire, tit. 56, §. 1 et 3, et dans les lois gombettes, tit. 14, §. 1. LINDENBROCK, p. 274. Tous les Codes barbares contiennent de pareilles dispositions.

[4] Formules de MARCULFE, liv. II, form. 12; et *Formulæ* BIGNONIANÆ, f. 49, p. 158 de l'édit. de MARCULFE.

[5] WIARDA, §. 92. *Jurispr. heroica, vol.* 3, *cap.* 1, §. 7.

[6] Le prix d'achat étoit d'un sou et d'un denier : Form. LINDENBROCK, 75, pag. 1255, *apud* BALUZE, vol. 2, p. 532, etc. — FRÉDEGAIRE, *Hist. franc. epit. c.* 18. — *Gesta Regum francorum, c.* 11. Cet achat n'étoit qu'une fiction, pour exprimer la puissance maritale, à laquelle la femme se soumettoit. V. PITHOU, *ad n* 46, *l. sal.* — HEINECCII, *Elem. juris. germ. liv. II,* §. 181. Le prix de la veuve qui se remarioit, étoit de 3 s. 1 den. (tit. 46, §. 1, l. salique); c'étoit une punition du second mariage.

[7] V. *l. visigoth*, liv. III, tit. 1.er, §. 2; LINDENBROCK, pag. 52, *l. burgund.* tit 34, art. 2, p. 281; *l. longobard.* liv. II, tit. 1.er, §. 5, pag. 527; *l. Saxonum*, tit. 6, ch. 1 : le prix étoit ici de 300 s. — FABER, *ad l. II C. de bonis maternis; Jurispr. heroica, c.* 2, *S.* 2, §. 5.

[8] *Mund*, terme germanique, synonyme de tutelle. V. DUCANGE, *Glossarium, l. alemann.* tit. 54, §. 2-3, p. 377; *l. longobard. lib. II, tit.* 12, *A.* 1, *p.* 597.

le domicile du mari ; il lui ôtoit l'exercice de tous ses droits [1], jusqu'à celui de tester [2]. Le mari avoit le droit de disposer, en maître absolu, de tout ce que la femme avoit apporté en mariage ; en cas de survie, elle, ou ses héritiers, ne retiroient que ce qui en existoit encore [3]. On ne donnoit point de dédommagement pour les biens divertis.

Ces apports n'étoient point des objets de prix [4] : la femme se reposoit sur le mari du soin de son entretien. Celui-ci, chef de l'union conjugale, et remplaçant auprès de la femme les parens qu'elle avoit quittés, étoit obligé d'assurer son existence durant le mariage ; lui seul devoit lui assurer un sort après sa dissolution.

Le don matutinal [5], présenté par l'époux à sa femme, au lendemain de la noce, comme une marque précieuse de son estime, caractérise toute l'innocence des mœurs germaniques ; mais, n'étant pas assez considérable pour fournir des alimens à la femme, il falloit que le mari lui assignât encore d'autres droits. [6]

On convenoit, entre les parens de l'épouse et le futur conjoint, que celui-ci constitueroit une dot. Cette dot étoit fixée avant la

---

1 *Nec aliquid de rebus mobilibus aut immobilibus sine voluntate ipsius, in cujus mundio fuit, habet in potestate alienandi. L. longob. l. c.*

2 Tiraquellus, *ad legem connub. Gloss. V, n.* 93 *sq.* — Chassan. Cout. de Bourgogne, tit. *de jure conjugum*, Rubr. 14, verb. *ny aussi par testament.*

3 L. ripuaire : *Quod si ex his, quæ conscripta vel tradita sunt, simul consumpserint aliquid, nihil requirat uxor; tit.* 37, §. 3. *Conscripta* est pour les biens qu'avoit promis le mari à la femme ; *tradita*, pour les apports. *L. allemann. tit.* 55, *p.* 377 ; *l. bajuvar. lib.* 7, *art.* 14, §. 2, *p.* 416 ; *l. longobardorum, lib.* 2, *tit.* 14, *art.* 15, *p.* 604. Lindenbr.

4 Struve, *Jurispr. heroica, vol.* 3, §. 7, *cap.* 1 ; Straubens *rechtliche Nebenstunden, vol.* 5, *p.* 277.

5 Le présent de noces est appelé *morgengabe, morgincap, morghangeniba*, par les Codes barbares. Voy. loi ripuaire, tit. 37, §. 2 ; *l. allem. tit.* 56, §. 2, *p.* 377 ; *l. longobard. lib. II, tit.* 4, §. 1. *Jurispr. heroica, vol.* 3, *p.* 106 *sq.* de l'édition de 1745, par Heineccius.

6 *Jurispr. heroica,* c. 3, s. 1, §. 9, *p.* 218.

célébration du mariage: on la promettoit pour le cas où la femme survivroit au mari ; elle acquéroit le droit de la réclamer, par l'ingression du lit nuptial[1]. On assignoit la dot sur quelque portion des meubles ou des biens-fonds du mari[2], et elle donnoit à la femme le droit de s'opposer à leur vente[3]. Grégoire de Tours nous rapporte que ces dots étoient ordinairement très-riches.[4]

La nécessité de ces avantages sur les biens du mari fut sentie par le législateur; il les fixe, à défaut de convention, ou, les supposant stipulés, il les modifie d'après la naissance d'enfans ou d'après la célébration d'un second mariage.

La loi ripuaire, rédigée par écrit au commencement du sixième siècle, s'il faut en croire Conring[5], obligeant, sous ce rapport, à ce qu'il paroît, toute la nation françoise[6], assigne à la femme survivante une somme de cinquante sols, et le tiers des conquêts. Mais on n'a qu'à ouvrir ce code pour voir qu'il n'y avoit pas société de conquêts[7], mais seulement une dot à droit de survie.[8]

---

1 Grégoire de Tours, liv. IV, chap. 9.

2 *Jurispr. heroica, cap.* 3, *sect.* 2, §. 19 : la dot que constitua Chilperic; Grégoire de Tours, liv. VI, ch. 18. — Marculfe, liv. II, form. 15. *Form.* Lindenbr. 75.

3 V. Ducange, *Glossarium*, édit. des Bénédictins de S. Maure, *Dos, Collaboratio.* — Flodoard, *Chronica ad ann.* 824, citée par Alteserra, *Antiq. Aquitaniæ*, p. 226, etc.

4 Grégoire de Tours, liv. IX, ch. 20.

5 *Orig. juris germ.*

6 V. sur le pouvoir réciproque des lois saliques et ripuaires, Wiarda, *Geschichte des salischen Gesetzes.*

7 V. Maleville, Analyse de l'art. 1393. — Merlin, Répertoire, au mot *Communauté*, §. 1.er — Heineccius, *Elem. jur. civ.*, liv. I.er, tit. 12, etc.

8 Je citerai l'endroit en entier : l. ripuaire, tit. 37, §. 1 et 2. Baluz. Cap. 1, page 38; Lindenbrock, p. 457. *De dotibus mulierum.*

§. 1. *Si quis mulierem desponsaverit, quidquid ei, per tabularum seu chartarum instrumenta conscripserit, perpetualiter inconvulsum permaneat.*

§. 2. *Si autem per seriem scripturarum nihil contulerat, si virum supravixerit, 50 sol. in dotem recipiat, et tertiam partem de omni re, quam simul conlaboraverint, sibi studeat evindicare.*

Les Visigoths, fixés dans l'occident de la Gaule, sur le territoire qui s'étend entre le Rhône, la Loire et les deux mers, rédigèrent, en 466, leurs coutumes, sous le règne d'Evaric [1]. Leur code reçut, dans tous les contrats, les dispositions des lois romaines. Le système dotal romain, adopté en partie, comme cette loi elle-même l'avoue, changea l'ancien droit germanique sur les conventions matrimoniales.

Le mari fut obligé d'assurer les apports de la femme par la donation nuptiale [2], et l'on partagea les conquêts, pendant le mariage, à proportion des fortunes que les époux avoient conférées. [3] La femme transmit ce droit à ses héritiers : ce n'étoit plus un simple avantage de survie, mais une véritable société des conquêts. Le don matutinal n'étoit pas encore abrogé ; on conserva même la dot : mais la loi, au lieu de l'ordonner, défendit qu'elle excédât la dixième partie des biens du mari ; elle permit encore de donner vingt esclaves et trente chevaux, ou des ornemens jusqu'à la valeur de mille sols. Trois quarts de cette dotation furent réservés aux enfans à naître ; le mari eut le droit d'y succéder, si la femme n'en avoit pas disposé. [4]

Aussi les Bourguignons, fondateurs d'un puissant royaume au midi de la France et dans la Suisse [5], adoptèrent une partie des lois romaines. Leurs conventions matrimoniales paroissent libres de cette influence. Gomdebaud fit rédiger, en 501, leurs coutumes [6]. Le don matutinal, la moitié de la dot en propriété, le tiers des autres biens du mari, à titre d'usufruit, étoient à la femme, s'il n'y avoit pas de fils ; elle gardoit cette portion usufruitière, et

---

1 Conring, *Orig. jur. germ.; Helmstadt*, 1649, *p.* 2.

2 *L. visig. lib. III, tit.* 1, §. 4, *p.* 53, Lindenbrock.

3 *Lib. IV, tit.* 2, §. 16, *ibid. p.* 82.

4 *L. visig. l. IV, tit.* 5, §. 2, *p.* 90.

5 M. Koch, Tabl. des révol. de l'Europe, 1.re période.

6 Merlin, Répert. au mot *Code.* — Conring, *O. j. g. cap.* 2, *p.* 4.

les autres biens, à titre d'usufruit, s'ils existoient ; elle perdoit tous ces droits, si elle se remarioit. [1]

Les lois gombettes donnent aussi certains droits à la femme divorcée ou répudiée. [2]

Les codes des Allemands [3], des Bavarois [4], des Lombards [5], des Saxons [6], assurent une dot à la femme.

Les autres codes barbares n'en font pas mention.

La part dans les conquêts, qu'accorde la loi ripuaire à la femme, lui fut aussi donnée dans la famille royale. Nanthilde, veuve de Dagobert, eut la troisième partie des biens que les époux avoient acquis durant le mariage. [7]

. MARCULFE, qui rédigea ses formules vers l'an 660, atteste que cette part étoit généralement usitée. [8]

Déjà au temps de TACITE, les princes, entourés des guerriers les plus intrépides, récompensoient leurs services par quelque présent. Un cheval de bataille, un javelot, une francisque ou une épée, étoient le prix d'une valeur distinguée.

· Lorsque les rois conduisirent leurs armées dans la Gaule, ils eurent de grandes terres en partage, et la nature de ces présens changea avec leurs richesses. Ils donnèrent alors aux guerriers

---

1 *L. burgund. tit.* 24, *p.* 278, *tit.* 42, §. 1, *p.* 283, LINDENBROCK. BIGNON, *ad Form.* MARCULF. 17, *lib. II.*

2 *L. burgund. tit.* 34, §. 2, *p.* 281.

3 *L. allemann. tit.* 54, 55, *p.* 377, LINDENBR.

4 *L. bajuvar. tit.* 7, *art.* 14, §. 2, *p.* 416.

5 *L. longobard. lib. II, tit.* 14, §. 1, *p.* 590.

6 *L. Saxon. tit.* 7 - 8, *p.* 477.

7 AIMOINUS, *Hist. edit. ann.* 1603, *lib.* 4, *cap.* 36, *p.* 180 : *Itaque Dagoberti thesaurus, jubente Nanthilde et Clodoveo, instantia Æganis, majoris domus, præsentatur, et æqua lance dividitur; tertiam tamen partem, de quo Dagobertus adquisierat, Nanthildis Regina recipit.* V. DUCANGE, au mot *Collaboratio* d'autres autorités pour ce fait. ALTESERRA, *Res aquitanicæ; Tolosæ,* 1648, *cap.* 18, *lib. III, p.* 226.

8 *Form.* MARCULF. *edit. Bign. p.* 79, *lib. II, c.* 17 : *Sed dum in villis, quas pariter stante conjugio adquisierat, prædicta conjux nostra tertiam partem habere potuerat.*

qui s'attachèrent à leur personne, et qui s'obligèrent à service et à fidélité, des propriétés foncières.

Ces guerriers furent appelés *Leudes* ou *Antrustions*, car ils étoient *in truste*, ou dans la fidélité du roi, et les biens que le roi leur conféroit, reçurent le nom de bénéfices. [1]

Ces bénéfices furent retirés à la mort du bénéficier [2] : mais les Leudes, profitant de la foiblesse des rois et des troubles qui divisèrent l'état, rendirent ces biens héréditaires [3]. Les relations de fidélité envers le roi avoient de tout temps attribué une distinction: dès-lors les fils des bénéficiers étoient Leudes par leur naissance, et une noblesse héréditaire commença à se former [4]. Les Leudes et les grandes familles qui ne possédoient pas de bénéfice, conféroient leurs biens au roi, et les reprenoient en fief [5], pour avoir les mêmes avantages. [6]

Charles-Martel réveilla l'ancien génie militaire, et rendit l'énergie à l'armée. Il dépouilla le clergé d'une partie de ses biens, qu'il conféra à ses capitaines, ainsi que les terres conquises sur l'ennemi. Ces nouveaux bénéfices imposoient des obligations plus déterminées : ils furent retirés à la mort du concessionnaire. On appela les bénéficiers vassaux ou domestiques. Pépin attacha ces bénéfices au patrimoine de la couronne. Charlemagne associa encore ses militaires au nombre des vassaux : il leur distribua les biens conquis ; il attribua aussi aux ducs et aux comtes, l'administration

---

1 *Trustis*, du terme germanique, *Truwe :* J. BIGNON, *ad Formulas* MARCULF.

2 *Beneficium idem quod precarium ;* BIGNON, *ad Form.* MARCULF. p. 312.

3 Dans le Traité d'Andely, de 568, confirmé par l'assemblée de Paris, en 615 ; MABLY, liv. I.er, ch. 4.

4 MABLY, Observ. liv. I.er, ch. 5.

5 MARCULFE, form. 17, liv. II.

6 Le terme *fief*, inventé sous Charles-le-Simple, où il falloit de nouveaux termes pour exprimer les nouvelles relations, s'est formé du mot *fiscus*. BIGNON, *ad Form.* MARCULF. *lib. I, form. I. Quod a fisco profectum regis liberalitate, alieni in beneficium concessum est, et ideo nomen fisci seu terræ fiscalis retinebat*, dit le Capitulaire 82, liv. 3.

de ses domaines, et il attacha à leur dignité des fiefs enclavés dans leur ressort.[1]

Quand les bénéfices eurent établi une distinction de rang et de fortune, la dot légale, qu'accordoit la loi ripuaire, fondée sur leur égalité, dut perdre son exécution.

Le champ de Mai, ou l'assemblée des trois états[2], aperçut qu'il étoit nécessaire d'assurer une dot à la femme. On arrêta qu'aucun mariage ne se feroit sans que dot fût stipulée.[3]

Louis I.er répéta ce capitulaire.[4]

Charlemagne, toujours occupé du bien de ses peuples, proposa aussi au champ de Mai la loi, que les veuves des bénéficiers auroient une partie des biens acquis durant le mariage : décret rendu par un sage législateur, pour ne pas laisser des femmes d'un rang élevé dans un état d'indigence, pour les exciter à l'accomplissement de leurs devoirs et les en récompenser.[5]

Aussi ce capitulaire est répété sous Louis le Débonnaire.[6]

La femme survivante eut en dot le tiers des conquêts faits en possession d'un bénéfice ; car le mari seul portoit toutes les charges. On lui donna la moitié des autres conquêts ; car l'industrie de la femme pouvoit ici concourir.

---

1 HOUARD, Anc. lois des François, comparées aux instit. de LITTLETON, de 1766, vol. 1, pag. 5, *sq.*.

2 MABLY, Observ., prouve contre l'auteur de l'esprit des lois, liv. XXVIII, chap. 9, que le tiers-état faisoit partie du champ de Mai.

3 *Capit.* BALUZII, *vol.* 1, *col.* 1000, *in capit. Caroli magni et Ludovici pii, lib. VI, cap.* 131; LINDENBROCK, *p.* 1000. *Nullum sine dote fiat conjugium; nec sine publicis nuptils quisque nubere præsumitur.*

4 *Lib. VII, cap.* 80; voy. sur les Capitulaires, dont le texte se trouve deux fois, MABLY, Observ. liv. II, ch. 4.

5 *Capit. lib. IV, c.* 9, BALUZ. *vol.* 1, *col.* 775.

6 *Capitul. lib. V, cap.* 275 : *Volumus, ut uxores defunctorum post obitum maritorum tertiam partem conlaborationis, quam simul in beneficio conlaboraverunt, capiant; et de his rebus, quas is, qui illud beneficium habuit, aliunde adduxit, vel comparavit, vel ei ab amicis suis collatum est, has volumus tam ad orphanos defunctorum, quam ad uxores eorum pervenire.*

TROISIÈME PÉRIODE.

Depuis l'hérédité des fiefs jusqu'à la régénération du tiers-état.

Une volonté arbitraire décida de tous les droits. Chaque seigneur rendit sa justice souveraine, et ne permettant plus que ses jugemens fussent portés par appel à la justice du roi, le François réclama inutilement les lois Saliques et Ripuaires; le Gaulois, les lois romaines; le Bourguignon, les lois de Gomdebaud : il fallut n'en plus reconnoître d'autres que les ordres du comte ou de son seigneur.

(Mably, Observ. sur l'histoire de France, liv. 2, chap. 5.)

L'immense empire de Charlemagne, qui embrassa presque toute l'Italie et ces vastes contrées qui s'étendent des bords de l'Èbre jusqu'à la Vistule et à la mer Baltique, s'écroula bientôt après la mort de son fondateur. Ce Prince avoit supposé les héritiers de son trône héritiers de ses vertus; l'ordre social alors se fût affermi de jour en jour; mais sa constitution portoit le germe de la destruction en elle-même, du moment que de foibles monarques seroient chargés des rênes de l'État. [1]

Les fils de Louis partagèrent l'empire; Charles-le-Chauve, ne retint que la Neustrie, l'Aquitaine et une partie de la Bourgogne : c'est dans ces limites étroites que la France fut désormais circonscrite.

Charles-le-Chauve, effrayé par les Normands, voulut s'attacher les seigneurs. Mais son incapacité et sa foiblesse lui suggérèrent toujours des mesures qui l'éloignèrent de son but, et dont l'effet fut d'anéantir l'autorité royale.

----

[1] Raisons de la décadence de cet empire, dans Mably, Observ. liv. II, ch. 5.

Le roi dispensa ses vassaux du devoir de le suivre à la guerre, à moins que le territoire ne fût envahi, et qu'une levée en masse ne les assemblât sous ses drapeaux[1]. Il rendit ensuite leurs bénéfices héréditaires et patrimoniaux[2]; et comme nulle considération n'arrêtoit ses démarches inconsidérées, il assura aux ducs et aux comtes l'hérédité de leurs pouvoirs[3]. Le signal de l'anarchie étoit donné : les relations qui lioient le peuple au prince, s'anéantirent; les lois furent renversées. Le peuple fut soumis au pouvoir arbitraire des seigneurs.

La possession d'un bénéfice donna la qualité de noble. Les ducs et les comtes se rendirent souverains ; ils obligèrent les seigneurs moins puissans à les suivre à la guerre ou à leur prêter l'hommage-lige ; les barons ne prêtèrent que l'hommage simple ou la foi[4]. La féodalité étoit devenue le seul lien politique; les seigneurs n'avoient pas d'autre obligation, et n'étoient soumis à aucun pouvoir.

Ils plongèrent le peuple dans une profonde servitude. Les barons et les seigneurs moins puissans soumirent les habitans de la campagne, les villains; les ducs et les comtes s'emparèrent des bourgeois. On établit partout sur les biens non nobles des redevances et des charges odieuses. Même on interdit aux roturiers la disposition à titre gratuit de leurs propriétés. D'autres tyrans s'arrogèrent un droit de succession, si les fils n'étoient pas domi-

---

1 *Cap. an.* 847 *ad Marsnam, art.* 1, *in capit.* Bᴀʟᴜᴢɪɪ, *vol.* 2, *p.* 44. *Volumus ut cujuscunque nostrûm homo, in cujuscunque regno sit, cum seniore suo in hostem vel aliis utilitatibus pergat, nisi talis regni invasio, quam Lanteveri dicunt, quod adsit, acciderit, ut omnis populus illius regni ad eam repellendam communiter pergat.*

2 *Cap. an.* 877, *art.* 10, Bᴀʟᴜᴢ. *tom. II, p.* 259. *Si aliquis ex fidelibus nostris post obitum nostrum, Dei et nostro amore compunctus, sæculo renuntiare voluerit, et filium et talem propinquum habuerit, qui reipublicæ prodesse valeat, suos honores, prout melius voluerit, ei valeat placitare.*

3 *Idem capit. art.* 3, *p.* 269. V. Hᴏᴜᴀʀᴅ, anc. lois des Francs. vol. 1, p. 34.

4 Mᴀʙʟʏ, liv. III, ch. 2.

ciliés dans leurs domaines, ou firent sentir leur volonté arbitraire,
en déclarant nuls les mariages contractés sans leur consentement. [1]
Toute la nation tomba, sous cette oppression, dans une affreuse barbarie. L'industrie cessa d'exister; le commerce fut anéanti. Les
seigneurs portèrent leur tyrannie au point qu'on distinguoit à
peine l'homme libre du serf; que le peuple, ne redoutant plus
qu'un même ennemi, et réclamant des lois qui n'avoient plus
de protecteur, perdit la connoissance de son origine et de toutes
ses traditions.

S'étant également arrogé le droit de justice, ces seigneurs avoient
intérêt à abroger les anciennes lois, qui auroient sans cesse contre-
dit leurs violences; à en établir de nouvelles, qui confirmassent
leurs usurpations. Ils ne conservèrent des anciens codes que quelques principes fondamentaux, qui, établis dans les mœurs, ne pouvoient être renversés, ni nuire à leurs intérêts. Les institutions
des Codes barbares, plus connues des seigneurs, prévalurent proba-
blement alors dans la France septentrionale, et les coutumes gauloises furent peut-être entièrement abrogées [2]. Quelques idées de
droit, que l'on conserva des lois romaines, firent tomber ces codes
dans la France méridionale. La loi romaine y exerça plus tard un
empire absolu. [3]

Les seigneurs ne mettoient point par écrit leurs jugemens [4], et
rien ne nous instruit des coutumes du peuple jusqu'au douzième
siècle.

Les nobles jouirent d'une liberté entière; ils se soumirent quel-

---

1 MABLY, liv. 3, ch. 1.

2 V. HOUARD, Traité sur les coutumes anglo-normandes, du 11.ᵉ au 14.ᵉ siècle; 1776.
Remarque générale sur l'origine des coutumes françoises, vol. 4, p. 683. — GROSLEY,
Recherches sur le Droit françois.

3 Esprit des lois, liv. XXVIII, chap. 4.

4 On ne les écrivit qu'au XIII.ᵉ siècle. HOUARD, ancienn. lois des François, vol. 1.ᵉʳ,
p. 31.

quefois aux assises que tenoient les autres vassaux à la cour du suzerain : mais rien ne les obligea à suivre cette procédure ; ce devint même un usage de provoquer son adversaire au combat singulier. La victoire fut alors regardée comme sentence de l'Être suprême. Mais les juges du combat étoient encore obligés de défendre en lice leur jugement, si le vaincu le déclaroit faux et déloyal. L'issue de ce nouveau combat décida sur le fond.

Cette anarchie, et l'ignorance qu'elle amena à sa suite, nous voileroient nécessairement les coutumes qui se formèrent chez la noblesse dans le dixième siècle, si les Normands, qui enlevèrent en 912 à Charles-le-Simple une partie de la Neustrie, n'avoient point conservé les coutumes françoises dans l'état où ils les trouvèrent. [1]

Raoul maintint le Droit françois dans son intégrité, et ses successeurs sanctionnèrent, comme lui, les anciens usages. Lorsque Guillaume de Normandie transporta ses armées victorieuses en Angleterre, il força les vaincus d'adopter ces coutumes [2]. Toujours maintenues dans les états anglois, elles nous éclairent, quand le flambeau de l'histoire s'éteint sous les débris de la France.

Un traité de GLANVILLA nous fait connoître l'état des lois et coutumes sous Henri II. Nous pouvons même puiser dans des sources postérieures, lorsque nous apercevons qu'elles ne sont point altérées par le changement des idées et des mœurs, et qu'elles développent les anciennes doctrines. Dans cette législation le fils aîné hérite, chez les nobles, de la majeure partie des immeubles. Cette institution étoit devenue nécessaire pour le maintien des familles, qui réclamoient un protecteur puissant dans ces temps d'anarchie et de guerres individuelles. Cet intérêt, substitué à celui qui résultoit de la composition, classa les filles, dans la succession,

---

1 HOUARD, anc. lois des François ; vol. 1.ᵉʳ, Introduction.
2 HOUARD, l. c. p. 34.

après les fils. Il fit regarder les biens comme devant retourner à la famille dont ils étoient provenus, et la succession de la ligne l'emporta sur celle du degré. [1]

Les filles étoient exclues des fiefs échus en ligne directe et en ligne collatérale ; elles étoient regardées comme incapables des charges que le lien féodal imposoit.

La puissance maritale, à laquelle la femme se trouvoit soumise, étoit aussi étendue qu'autrefois, bien que l'achat eût cessé. [2] Les mœurs n'avoient rien perdu de leur rudesse. Les meubles n'étoient point de nature à être donnés en mariage, et les apports étoient si peu considérables, que nul document n'en fait mention. Il paroît que la puissance maritale donna au mari, à l'égard des objets apportés, le même droit que lui avoient donné les Codes barbares. Les immeubles qui pouvoient écheoir à la femme, furent transmis par ligne.

La dot donnée à la femme, à condition de survie, ne pouvoit être que conventionnelle, puisque rien n'arrêtoit la volonté arbitraire des seigneurs ; mais la nécessité de cette dot, avoit produit une coutume.

La femme eut en dot l'usufruit de la troisième partie des tenures franches du mari, au jour du mariage. Mais, comme l'esprit de la chevalerie multiplia les libéralités des maris, le législateur défendit, pour les états anglois, que la dot excédât le tiers des immeubles disponibles de l'époux. [3]

-----

1 V. aussi les assises de Jérusalem, chap. 185, p. 127 : « L'oir masle hérite en tous les « héritages devant l'oir femelle, si la femelle n'appartient de plus près que l'oir masle à celi « de par qui le fié et la seigneurie ou l'héritage lor est escheu de celle part dont le fié vient. »

2 Il étoit usité jusqu'au 9.e siècle. — V. PITHOU, gloss. ad tit. 46 L. salicæ.

3 Voici l'endroit de GLANVILLA, imprimé dans HOUARD, Coutum. anglo-normandes, vol. 1.er, p. 449 : *Si non nominat, tertia pars tenementi totius liberi sui intelligatur dos ; et appellatur rationabilis dos, cujuslibet mulieris tertia pars totius liberi tenementi viri sui, quod habuit tempore desponsationis. Si vero dotem nominat et plus tertia parte, dos ipsa in tantum, quantum stare non poterit, amensurabitur ; enim usque ad tertiam*

Henri II d'Angleterre obtint pour sa fille, lorsqu'il la maria à Guillaume de Sicile, une dot consistant dans la tierce partie des biens de son époux [1]. Cet usage fut encore confirmé par la grande charte de liberté, que Jean-sans-terre accorda, en 1215, aux Anglois [2]. Il fut constamment suivi dans la Normandie et dans les autres provinces qui ont été soumises à la domination des Anglois, et Saint Louis le sanctionna. [3]

Ferrière observe que la dot consistoit autrefois, dans toute la France, dans le tiers des biens du mari. [4]

Dans les provinces qui restoient indépendantes des Anglois, la dot ne fut pas restreinte par le législateur; les nobles en convinrent toujours arbitrairement. Ce fut bientôt un devoir d'assurer un sort brillant à la femme survivante.

Un acte de dotation, de l'an 1040, atteste l'usage de donner en dot l'usufruit de la moitié des biens. [5]

Nous trouvons ce même usage développé vers la fin du onzième siècle.

Après la prise de Jérusalem, Godefroi de Bouillon assembla les chevaliers françois, pour donner des lois à son royaume. On établit les coutumes françoises, telles que les chevaliers les avoient

---

partem, *quia minus tertia parte scilicet tenementi sui potest dare in dotem, plus autem non.* Les art. 367 et 371 de la coutume réformée de Normandie se conforment littéralement à ces dispositions. V. aussi Houard, Anc. lois des François, titre du Douaire, et Ducange, édition de S. Maure, 13 vol. in-fol. au mot *Dos.*

1 Bignon, *ad Form.* Marculfi, *lib. II*, c. 15, *p.* 217.

2 Mathieu de Paris, *ad annum* 1215, cité par La Thaumassière, notes sur Beaumanoir, p. 395. Bignon, *l. c. Assignetur viduæ tertia pars totius terræ mariti sui, quæ sui fuit in vita.*

3 Établissemens, art. 13; Ordonnances du Louvre, vol. 1.", p. 118.

4 Coutum. de Paris, 1710; introd. au titre 11.

5 Il est cité par Bignon, *in Form.* Marculfi *ad lib. II, f.* 15, *p.* 317; v. aussi, *in Jurispr. heroica, vol.* 3, *chap.* 3, *sect.* 1, l'acte de dotation de Henri l'oiseleur, de l'an 929.

suivies en France [1]. On donna le nom d'assises à ces lois, parce qu'elles furent établies dans l'assise ou dans l'assemblée des barons et du patriarche. [2]

D'abord conservées par tradition verbale, ces coutumes furent mises par écrit, en 1250, par Ibelin, comte de Jephe et d'Ascalon : on les appela lettres du Sépulcre, l'église du Sépulcre en étant dépositaire.

Cette législation donna en dot à la femme survivante la moitié de tous les biens du mari : elle eut les meubles en propriété, déduction faite des dettes passives; les biens-fonds lui furent assurés à titre d'usufruit. Ce droit se régla d'après l'état des biens au jour du décès [3]. Les documens postérieurs n'expriment pas formellement cette part [4]. La dot fut constituée à la porte de l'église [5], et cette dotation paroît avoir été de rigueur. [6]

---

1 Assises de Jérusalem, par LA THAUMASSIÈRE; Bourges, 1690, chap. 294, 295; et WILHELM TYRIUS, *lib. XVI*, c. 2, *lib. XIX*, c. 2. — MABLY, liv. III, chap. 2.

2 V. la Préface.

3 Assises, chapitre 187, p. 128 : « Chascune feme franche a en doaire la moitié de « tout, quant son baron *vait de vie à mort*. » Chap. 271, p. 281 : « L'usage des doaires par « l'assise est tel, *que quant home meurt*, toutes ses choses, ques quelles soient, meubles « ou estables, que l'on li treuve, se est se il est chevalier, sa feme en doit avoir la moitié; « ce est assavoir, puisque l'on a paié toute la dethe, doit être paiée dou meuble, et se il « se fornit à paier la dethe, ce que en faut, l'oir en paie la moitié et la feme l'autre « moitié : la feme ne peut riens faire, de ce qu'elle a en doaire, qui soit fié ou héritage, « fors que joir des rentes sa vie; et ceste assisle est entendue des chevaliers. »

4 Voyez DUCANGE, *Glossarium*, édit. de S. MAURE, au mot *Dot*.

5 V. le roman d'Achis; du commencement du XII.ᵉ siècle :

> Le prestre fut appareillé,
> A leur entrée les a seigné;
> Ains n'y fut doaires nommés,
> Ne serrement ung seul jurez.
> Fiance faite ne pleuvée,
> Mais le *vassal* reçut sa mie . . . .

6 BEAUMANOIR, Cout. de Beauvoisis, édit. de 1690, chap. 13, p. 75, al. 4. « Bien « appert que la coustume estoit tele anciennement, par une parole, que li prestre fit

QUATRIÈME PÉRIODE.

Depuis l'établissement des Communes, jusqu'à la rédaction des Coutumes.

Les chartes des Communes sont les premiers originaux de nos Coutumes. (FLEURY, Hist. du Droit françois.)

La France étoit encore couverte des ténèbres de la barbarie. Pierre l'Hermite prêcha la croix. Une idée puissante s'empara de tous les esprits, et la France sortit de cet état.

Le tiers-état s'affranchit de la servitude : le commerce étendit partout ses rameaux ; il fit naître la civilisation.

Les Codes de JUSTINIEN, découverts par IRNERIUS, éclaircirent les idées, écartèrent une partie des préjugés barbares, et contribuèrent à l'accroissement de la puissance royale. Philippe-Auguste agrandit son territoire des provinces de Jean-sans-terre, et Saint Louis profita de la confiance qu'inspirèrent ses vertus, pour ressaisir le pouvoir législatif.

La Gaule avoit compté cent cinquante cités au temps des Romains. Libres sous les barbares, elles furent subjuguées par les seigneurs ; elles dégénérèrent sous leur tyrannie. Ce fut pour ainsi dire de leurs ruines que s'élevèrent les communes. [1]

Les habitans de quelques anciennes villes s'unirent contre leurs oppresseurs. Ils se donnèrent une constitution et des lois, et les consacrèrent par le serment. Ne redoutant aucun péril autant qu'ils haïssoient le joug insupportable qu'on leur avoit imposé, ils défendirent, les armes à la main, leur indépendance. [2]

Ces confédérations, appelées communautés ou communes, sol-

« dire à l'oume quand il espouse la fame; car il li dit dou douaire qui y est devisés entre
« mes amis et les tiens, te deu. » V. aussi Cout. de Vermandois, par HÉRICOURT; 2 vol. in-fol. de 1726, p. 21, 26.

1 MERLIN, Répert. au mot *Commune.*

2 Traité des Communes, de BREGUIGNY, dans le 11.ᵉ volume des Ord. du Louvre.

licitèrent, auprès du roi, des chartes qui leur garantissent les droits qu'ils venoient de conquérir.

Le roi voulut opposer un contre-poids à la puissance des seigneurs : il établit souvent des communautés, et il déclara que tous les serfs qui y résideroient seroient affranchis, s'ils n'étoient point réclamés dans un certain délai. Louis VI n'osa établir ces communes que dans ses domaines ; mais Philippe-Auguste, devenu plus puissant, accorda des chartes dans tout le royaume. [1]

On vit alors les seigneurs vendre aussi à leurs sujets la liberté : mais les communes ne se fioient pas à leur foi ; elles réclamèrent la garantie du roi pour leurs traités, et elles le regardèrent comme leur protecteur.

Les chartes permirent aux communes de disposer de leurs biens, de changer de domicile. On abolit les droits arbitraires que les seigneurs avoient exigés selon leur caprice ; les redevances fixes, imposées à leurs terres, furent seules conservées. Le service militaire fut allégé ; les communes eurent le droit de guerre, droit important dans un temps où la force décidoit du juste et de l'injuste. [2]

Ces chartes représentent aussi la coutume civile, telle que les seigneurs l'avoient formée ; mais elle porte partout des traces de la barbarie qui caractérise ces siècles.

La femme fut soumise, par le mariage, à la puissance du mari. C'étoit au mari d'assurer son existence. Elle perdit encore, pendant le mariage, l'exercice de tous ses droits [3], et elle ne pouvoit former aucune prétention sur les biens acquis par commune industrie.

Ses biens meubles et immeubles étoient encore soumis à la disposition absolue du mari [4], et une coutume bizarre avoit telle-

---

1 MABLY, liv. III, chap. 7.

2 Voy. les Chartes dans le 11.ᵉ vol. des Ordonnances.

3 La femme n'avoit pas même le droit de tester. TIRAQ. *ad leg. Connub. Gloss. v. n.* 93 *sq.*

4 « Li mari, de *droit commun*, est sire de ses biens et des biens à la fame. » BEAU-MANOIR, Cout. de Beauvoisis, p. LA THAUMASSIÈRE, 1690, p. 291 et p. 441.

ment étendu ce pouvoir, qu'il pouvoit les soustraire à la propriété de la femme, en changeant leur nature. La femme, ses héritiers ou les donateurs, ne retiroient, après la dissolution du mariage, que les espèces qui existoient encore en nature [1]. Ce droit irrégulier même prouve que les apports n'étoient pas considérables; et comment auroient-ils pu l'être chez une nation où tout commerce et toute industrie étoient anéantis?

Toutes les charges du mariage reposèrent sur le mari, maître de tous les biens. Il constitua à son épouse une portion de sa fortune, pour la soutenir si elle venoit à lui survivre. Ce n'étoit point une dot riche, comme celle de la noblesse; elle ne consistoit que dans une portion usufruitière sur les biens du mari, et on ne la donna que pour fournir les alimens nécessaires à la femme. [2]

Lorsque la femme et le mari étoient sans fortune, et ne laissoient point d'héritier, les biens acquis durant le mariage étoient dévolus au survivant. Mais ce droit de succession, à défaut d'héritiers, paroît étranger à la communauté gauloise, dont nous parle César. Les chartes des communes semblent plutôt indiquer que les conquêts se partageoient entre l'époux survivant et les héritiers de l'époux prédécédé, si les deux conjoints n'avoient pas de fortune. [3]

---

1 Ordonn. du Louvre, v. 11. Chartes de la commune de Laon, de 1128, art. 13, p. 186; de Laonnais, de 1184, art. 22, p. 233; d'Amiens, de 1190, pag. 265, art. 22 et suiv., et art. 35, p. 266; de Montdidier, de 1195, art. 25 et suiv. p. 290. *Si quis autem de pace filiam vel neptem sibi cognatam maritans, terram, vel pecuniam ei dederit, et illa mortua sine herede fuerit, quidquid terre vel date pecunie adhuc comparentur de ea remanserit, ad eos, qui dederunt, vel ad heredes eorum redeat.*

2 Ordonnances du Louvre, *ibidem. Similiter vir si sine herede mortuus, preter dotem, quam uxori dedit, tota possessio ad propinquos suos redeat, dotem autem in vita sua mulier tenebit; post mortem vero ipsius, ipsa dos ad propinquos suos redibit.*

3 Ord. du Louvre, *ibidem. Si vero nec vir nec mulier hæreditates habuerint, sed de mercenariis quæstum facientes, substantia fuerint ampliati et hæredes non habuerint, altero eorum mortuo alteri tota substantia remanebit; si autem propinquos non habuerit, duæ partes ad eleemosynam, una pars ad muros civitatis . . . .*

La liberté ne tarda pas à répandre ses dons sur les communes naissantes. L'industrie des bourgeois fut éveillée; le commerce et les arts devinrent leurs occupations. Les fortunes circulèrent rapidement, et le commerce augmenta les biens mobiliers [1]. La barbarie des mœurs et des institutions céda, peu à peu, à un ordre de choses amené par une nouvelle civilisation.

La femme eut des droits égaux à ceux de l'homme, dans la succession des immeubles [2]; ses apports, devenus considérables, furent mis à la disposition absolue du mari : mais, comme ils consistoient souvent en argent, et que le mouvement des fortunes altéra toujours la nature des objets, il falloit donner quelque dédommagement à la femme.

Alors on auroit pu séparer les biens de la femme de ceux du mari [3], donner à la femme des sûretés, et laisser au mari l'usufruit des apports. Mais les idées du Droit coutumier n'amenoient point ce changement, qui se trouvoit en opposition avec la puissance maritale.

On laissa au mari la disposition absolue de tous les biens mobiliers de la femme : le commerce naissant approuva cette institution. On donna à la femme une part dans les biens mobiliers du mari, augmentés par ses apports; part qui fut réglée successivement à la moitié. Les héritiers de la femme réclamèrent ce même droit.

Le droit de la femme, de retirer les objets apportés qui existoient encore dans la même qualité, dut alors cesser. Ses dettes mobilières, suivant la masse de ses meubles, étoient à la charge

---

1 Merlin, Répertoire : *Commune.*

2 Déduction faite du droit d'aînesse ; mais il n'avoit presque jamais lieu dans les communes. Beaumanoir, ch. 13, p. 75, al. 5, 6.

3 La coutume de Rheims laissoit à la femme le choix de prendre sa dot mobilière et son douaire, ou la moitié des meubles et des conquêts. Lebrun, Traité de la Com. liv. I.ᵉʳ, ch. I.ᵉʳ, n. 11.

4

du mari. C'est ce qui est exprimé par l'ancienne règle : Qui prend les meubles, est tenu de payer les dettes. [1]

On donna aussi à l'épouse et à ses héritiers la moitié des biens qu'une fortune une industrie communes avoient produits; partage qui, dans une supposition, peut-être, étoit déjà connu des communes, lorsqu'elles vinrent à s'établir. Le partage égal de l'actif rendit les deux parties également tenues des dettes qui existoient lors de la dissolution du mariage. [2]

C'est ainsi que se forma une espèce de société entre les deux époux, appelée communauté. Le mari eut tous les droits pendant sa durée; il étoit obligé d'acquitter toutes les charges. Un principe d'égalité s'introduisit à l'égard des choses qui composoient la masse commune, et qui furent partagées à la dissolution du mariage.

Les immeubles de la femme restoient soumis à l'administration du mari; les fruits étoient à sa disposition absolue, et la femme partagea aussi ceux des immeubles de son époux.

Les immeubles que possédoient les époux au jour du mariage, et ceux qui leur échurent en ligne directe, restoient personnels : c'étoient en partie des propres, sur lesquels la ligne avoit des prétentions. Le propriétaire même n'avoit droit de disposer, à sa mort, que de leur cinquième partie. [3] Les acquêts leur furent assimilés : ceux du mari garantirent aussi à la femme son douaire; mais les immeubles échus aux époux, en ligne collatérale, par donation

---

1 Somme rurale, ch. 97; Cout. général, liv. II, ch. 3. Aussi l'ancien coutumier de Normandie connoît cette règle : Doit l'en penre les meubles, pour paier dettes.

2 BEAUMANOIR, ch. 43, p. 75, al. 11. « Se il li plet, elle puet partir as mucbles, et « si elle i part, elle est tenue à sa part de detes. »

3 BEAUMANOIR, Cout. de Beauvoisis, p. 63. On disposoit librement des autres biens; v. PIERRE DE FONTAINE dans ses Conseils, ch. 32, art. 21 : « Tu pues entendre, quant « li hons n'a riens, fors meubles et conques, chil peut tout lessier par testament là où il « vourra par coustume du pays. » Et le même s'exprime, dans le livre à la Reine Blanche, en ces termes : « De ses conquests et de ses meubles s'élargisse à sa volenté. »

ou par legs, furent regardés comme conquêts, et entrèrent dans la communauté.

Lorsque la femme apporta des biens au mari, on se servit, pour les désigner, de la dénomination romaine : on les appela dot, et le droit que donna le mari à la femme survivante sur ses biens personnels, fut qualifié de douaire, *doarium, dotalitium.* [1]

Philippe-Auguste introduisit un douaire légal pour les veuves nobles et roturières [2]. Ce douaire consista dans l'usufruit de la moitié des immeubles appartenant au mari au jour du mariage, et de ceux qui lui seroient dévolus en ligne directe. La femme eut le droit de s'opposer à leur vente [3], et ce douaire étoit aussi une portion légitime des enfans nés du mariage.

Philippe-Auguste accorda à la femme le privilège de poursuivre ce douaire auprès des tribunaux séculiers ou ecclésiastiques. [4]

Le Droit romain produisit aussi chez les nobles de grands changemens dans l'ordre de succession. Le droit d'aînesse fut réduit et déterminé aux deux tiers des fiefs, et au principal château avec

---

1 Struve, *Jurispr. heroica, cap.* 3, *s.* 1, §. 25, *vol.* 3. Ces termes se trouvent pour la première fois, *in canon.* 21 *synod. Meldensis;* et dans une donation de Pepin, au couvent de Gœz, près de Metz, de l'an 751.

2 L'établissement ne se trouve pas dans les Ordonnances du Louvre. Beaumanoir s'exprime sur le douaire en ces termes :

« Li general coustume des douaires, de che qui la fame emporte la moitié de che que homs i a au jour, que il l'espousa. Si commenche par l'establ. le bon roi Phelipes, roi de Franche, lequel regnoit en l'an de grace 1214, et chest establ. commanda il à tenir par tout le royaume de Franche, etc.

« Se il nest ainssint, que ses barons ait eu autre fame, de laquelle il ait enfants, car adonques ne emporte ele par son douaire que le quart de l'hiretage de son baron : car li enfants de la première fame emportent la moitié, dont leur mère fut douée ; la tierce fame un huitième etc. La parole devant le prêtre fut alors : Et de mes biens je te doue. » *Cout. de Vermandois,* p. 21.

3 V. p. 13; Beaumanoir, chap. 21, et p. 403.

4 Ordonnance du Louvre, vol. 1.er, p. 40.

une portion de terre [1]. Les filles succédoient dans les fiefs échus en ligne directe [2]. On déduisoit le droit d'aînesse de la masse : elles partageoient le reste des biens avec les autres descendans mâles.

La succession des filles et l'augmentation des biens-meubles opéra ici le même résultat que dans les communes : on donnoit à la femme, à la dissolution du mariage, la moitié des meubles. Jusqu'à cette époque la coutume ne lui avoit accordé ce droit qu'en cas de survie ; alors elle le transmit à ses héritiers : mais, à ce qu'il paroît, la communauté ne fit pas, chez les nobles, des progrès égaux, jusqu'à ce que Saint Louis l'introduisit par ses établissemens. [3]

Ce Prince donna aussi à la femme noble la moitié des conquêts [4] : il l'obligea à payer la moitié des dettes de la communauté [5]; mais les immeubles qui n'étoient pas conquêts, restèrent personnels.

La femme eut le droit de renoncer aux dettes dont le mari avoit chargé la masse commune, et de retirer ses biens personnels, de même que le douaire constitué sur les biens du mari, du jour du mariage [6]. Cette faculté, devenue nécessaire à cause du pouvoir du mari, de contracter des dettes excédant l'actif de la masse

---

1 BEAUMANOIR, pag. 75, al. 6. « L'oir male demande l'ainnesce : c'est les deux parts « des fiefs, et le mestre manoir et l'oumage. »

2 « Nule fille ne hérite en ligne collatérale, puisqu'il y a masle aussi prochein comme « elle. » Cout. de fiefs, ch. de Saisine, *Grand coutumier, livre* 2.

3 Chap. 15, Ord. du Louvre, vol. 1, p. 119. Le terme d'établissement étoit usité depuis l'ordonnance de Philippe-Auguste de 1204 : *Stabilimentum de feudis.* V. notes sur BEAUMANOIR, par LA THAUMASSIÈRE.

4 Chap. 13, Ord. du Louvre, p. 221.

5 Chap. 15, cité. BEAUMANOIR, chap. 23, p. 75, al. 11. « Se ele part. as muebles, « ele est tenue à sa part de detes. »

6 BEAUMANOIR, chap. 23, p. 75, al. 11. « Il est au choix de la femme, quant ses « barons est mort, de lessier tous les muebles et toutes les dettes as hoirs, et d'empor- « son douaire quite et délivre. »

commune, étoit devenue de droit commun au temps de Beaumanoir. [1]

La communauté, établie dans toute la France coutumière [2], forma alors un principe qui rendit la faculté absolue du mari sur tous les biens de la masse commune [3] moins nuisible à la femme. Saint Louis établit que les époux ne pourroient se faire aucun don [4] durant le mariage, et il s'ensuivit de cette prohibition la conséquence, que les avantages personnels, tirés des biens communs, donnent lieu à récompense.

---

1 Chap. 13, p. 78, al. 2. BEAUMANOIR explique dans ses *Coutumes du Beauvoisis*, publiées en 1690, à Bourges, par LA THAUMASSIÈRE, les coutumes, telles qu'elles étoient reçues de son temps dans toute la France coutumière : « Che il couroit à l'an de grâce « 1283 »; v. p. 1. On prétend trouver l'origine de la renonciation dans le temps des croisades, où les gentilshommes contractèrent des dettes considérables : elle se faisoit autrefois lors des obsèques du mari. Le corps du mari mis dans la fosse, la veuve se déceignoit et jetoit sur la fosse la bourse et les clés qu'elle avoit pendues à sa ceinture. POTHIER, de la Communauté, n. 539, 541; RENUSSON, P. II, chap. 1, n. 15.

Je crois trouver l'origine de ces formalités dans la loi salique, tit. 61, où il s'agit de cession de biens pour insolvabilité : *Postea intrare debet in casam suam, et de quatuor angulis de terra illa in pugno suo colligat et stare in durpilo, id est, in liminari, et cum sinistra manu de illa terra ultra suas scapulas jactare, et postea in camisa discinctus supra sepem salire debet.*

L'ancienne Cout. de Paris, art. 115, ne fait mention que des femmes nobles; mais la jurisprudence des arrêts a toujours accordé le droit de renoncer, aux roturières, et l'art. 237 de la nouvelle coutume de Paris leur attribue expressément cette faculté.

2 BEAUMANOIR, ch. 21, p. 110. « Chacuns si sait, que compaignie se fait par mariage; « car sitost comme mariage est fez, li biens de lun et lautre sont quemun par le vertu « du mariage. »

3 BEAUMANOIR, *ibidem*. « Mes voirs est que tant, comme il vivent ensemble, li hons « en est mainburnissières (de *mundeburdium*, tutelle, v. DUCANGE, *Glossarium*), et « convient, que la fame sueffre et obeisse de tout, comme il appartient à leurs muebles « et as despueilles de leurs hiretages. »

4 Établ. dans les Ord. du Louvre, p. 219, 220; conf. à l'art. 182 de la coutume de Paris. Cette défense est attestée par les lettres de Charles VI, du 25 Mai 1431, art. 137; Ord. du Louvre, v. 10, p. 98 : « Selon l'usage, coutume et commune observance de France, « le don par mari à la femme ne doit avoir lieu durant le mariage des deux conjoints. »

L'actif et le passif des deux époux se confondirent à partir du moment de la consommation du mariage.[1]

Un arrêt de l'an 1329 atteste que la communauté de biens meubles et de conquêts étoit établie dans la coutume de Paris.[2]

Le premier exemplaire de cette Coutume, mis par écrit en 1332, contient les principes que nous avons développés.

Deux ordonnances établissent encore la communauté pour le territoire de Jonville[3], et pour la ville de Rouvray.[4]

CINQUIÈME PÉRIODE.

Depuis la rédaction des coutumes, jusqu'à la promulgation du Code Napoléon.

Après avoir reconquis son royaume sur les Anglois, Charles VII rendit l'ordonnance de Montil-lez-Tours, qui régla[5] que toutes les coutumes seroient rédigées par écrit. On les prouvoit jusqu'alors par des enquêtes par turbes : procédure qui, conduisant à des résultats toujours variés, n'eut d'autre effet que l'altération des anciens usages.[6]

Malgré le désordre qui caractérisa la rédaction des coutumes, nous trouvons que celles qui traitent de la communauté, furent conservées sans alliage. Soixante législations différentes se conformoient presque en tous points à la coutume de Paris : cette coutume forma le droit commun de la France coutumière[7]. Reçu dans notre législation, ce droit régit encore tout l'Empire.

---

1 V Loisel, Instit. coutumières, vol. 2, tit. de la Communauté.

2 V. Ferrière, sur la coutume de Paris, introd. au tit. 10.

3 De Jean I.er ou de Jean II, à Paris, en 1354, art. 40 .Ord. du Louvre, vol. 4, p. 300.

4 De Charles VI, à Paris, de l'an 1390; Ord. du Louvre, tom. 6, p. 346.

5 Art. 123, Ordonn. du Louvre, vol. 13.

6 Elle ne fut abolie que sous Louis XIV, par l'Ordonn. civile de 1667, tit. 3.

7 Lebrun, Traité de la communauté, liv. I, ch. 1, N.° 7; Rapport au Tribunat, par Duveyrier.

La loi du 17 Nivôse an 2 abolit, article 62, les propres de succession; et la règle, que les héritages propres de succession le sont aussi de communauté, cessa d'avoir aucun effet. Mais le Code Napoléon déclare tous les immeubles personnels, n'exemptant de cette règle que les acquêts faits durant le mariage.

La même loi abroge, art. 61, le douaire coutumier des enfans : elle fut confirmée par l'article 49 du décret du 22 Ventôse an 2, et par l'article 24 du décret du 9 Fructidor suivant.

Le douaire coutumier de la femme est supprimé par l'art. 1390 du Code; le douaire conventionnel est modifié par les art. 1094 et 1098.[1]

L'ordonnance civile de 1667 avoit confirmé la réduction à moitié du douaire; mais, conseillant plutôt de s'y restreindre, que déclarant nulle une stipulation plus forte, elle n'établit à cet égard point de loi prohibitive.

Le Code Napoléon abroge la continuation de communauté de l'époux survivant avec les enfans. Elle enlevoit à l'époux qui n'avoit pas fait inventaire, un sixième de la masse commune, en changeant sa moitié en un tiers.[2]

Les provinces du droit écrit admettoient toutes la communauté conventionnelle.[3]

La coutume de Normandie étoit la seule qui eût défendu la communauté; mais elle contint des dispositions analogues à cette institution. Ces avantages de la femme et de ses héritiers ne se sont formés qu'après l'établissement des bourgs.[4]

La coutume de Normandie donnoit à la femme, s'il n'y avoit pas d'enfans communs, la moitié des meubles (art. 392), et des con-

---

1 Merlin, Répert. art. *Gains nuptiaux*, §. 4.
2 Ferrière, Dict. des Droits contin. de communauté; Motifs, par Berlier.
3 Lebrun, Traité de la C. liv. I, ch. 1, N.° 13 à 19.
4 Houard, anc. lois des François, vol. 1, p. 54 et 426.

quêts en bourgage [1] (art. 390); la moitié des conquêts hors bourgage, en propriété, dans le bailliage de Gisors, en usufruit dans celui de Caux; dans tous les autres, le tiers de ces conquêts en usufruit. [2]

Le droit sur les meubles n'étoit que du tiers, s'il y avoit des enfans, art. 392. Il étoit défendu d'excéder cette part par convention, art. 371.

La *société d'acquêts* étoit légale dans les coutumes de Bordeaux, de Strasbourg [3], de Cologne [4], de Trèves [5], de Mayence et du Palatinat. [6]

Les coutumes de la Hollande et des Pays - Bas établirent avec différentes modifications une communauté universelle. [7]

Ce droit est aussi introduit dans les départemens anséatiques.

Les Saxons, sortis du Danemarc, s'étoient fixés dans l'ancienne France [8]. Leur valeur avoit repoussé pendant trente - trois ans Charlemagne. Soumis, ils reçurent des lois du vainqueur.

Il étoit d'usage que le mari donnât une dot à la femme survivante; elle eut en Westphalie en outre la moitié des conquêts. [9] Les capitulaires ne dérogeoient pas à ces coutumes. [10]

---

1 Ce qu'on a acquis dans un bourg et comme bourgeois du roi, et sur quoi on avoit droit de disposer; HOUARD, anc. lois des François, *ad sect.* 162.

2 L'anc. Cout. de Normandie n'accorde rien sur les conquêts, hors bourgage; Voyez HOUARD, l. c. du Douaire.

3 SCHILTER, *Jus statut. Argent. l. III, cap.* 312. — SILBERRAD, *de acquestu conjug. Diss. de* 1771, §. 12 et 21. La femme n'avoit que le tiers des conquêts.

4 *Rechtsordnung, t.* 8, §. 3 *sq.*

5 *Landrecht, t.* 6, §. 8.

6 *Landrecht, P.* 3, §. 1, c. 4, §. 7.

7 *Wesel, De connub. bon. soc.* 1720, *p.* 6, *n.* 7 - 16.

8 M. KOCH, Tableau des révol. de l'Europe, pér. 1.

9 *L. saxonum, tit.* 7 - 8; LINDENBROCK, *p.* 477. *De eo, quod vir et uxor simul conquisierint, mulier mediam portionem accipiat; hoc apud Vestfalaos : apud Ostfalaos et Angrarios dote contenta sit sua.*

10 *Præf.* SCHOEPFII, *ad jus. lubecense in comm. Mevii.*

La ville de Lubeck devint au treizième siècle une cité puissante; elle se mit à la tête de la ligue anséatique, et couvrit les mers de ses flottes.

Henri le Lion, duc de Brunswic, donna des lois à cette ville[1]; Frédéric I lui accorda le droit de faire des statuts[2]: ce droit, fondé sur l'intérêt du commerce[3], devint la base des lois que se donnèrent les autres villes confédérées.[4]

La ville de Hambourg fut autorisée, en 1202, à suivre les statuts de Lubeck; elle obtint le droit d'en faire elle-même en 1292.[5]

Les statuts de Brême reçurent force de loi en 1220.[6]

La préférence des mâles dans la succession, usitée chez un peuple barbare[7], cessa lorsque le commerce civilisa ces cités: tous les biens circulèrent librement; on les dégagea de toutes les restrictions qui auroient enchaîné la prospérité. Tout se conforma à l'intérêt du commerce.

Les apports de la femme passoient anciennement, lorsqu'ils n'étoient pas considérables, sous le pouvoir du mari[8]; devenus considérables, ils formoient encore une masse commune avec ses biens. On ne donna pas à la femme des priviléges pour ses apports; ils auroient diminué la sûreté du commerce[9]: mais elle héritoit de la masse commune, et ne réclamoit plus de dot en cas de survie.

---

1 Heineccii *Hist. jur. germ.* §. 67. *Præf. ad j. l.*

2 Conring, *O. j g. cap.* 17, *et præf. ad j. lub.*

3 *Qu.* 1 *prælim. ad Mev. j. lubec, n.* 43.

4 *Qu. prælim.* 2.

5 Cur 1.g, *O. j. g. cap.* 18; Heineccii *Hist. jur. germ.* §. 89.

6 *Præf ad Mev. j. lubec.*

7 *L. Saxonum, tit.* 7, §. 1; Lindenbrock, pag. 476 : *Pater aut mater defuncti filio, non filiæ hereditatem relinquant.*

8 *L. Sax. tit.* 6. *Uxorem ducturus trecentum solidos det parentibus ejus, tit.* 18 : *Vestfalaiorum, Agrariorum et Ostfalaiorum solidus est, secalis sceffila* 30, *ordei* 40, *avenæ* 60.

9 Selchow, *j. germ. edit. de* 1740, §. 421.

34

Cependant les héritiers de l'époux prédécédé n'étoient pas entièrement exclus de la succession.

La propriété n'étoit pas assez libre parmi la noblesse et les habitans de la campagne pour que la communauté eût pu se former.

Dans les villes, tous les biens, meubles et immeubles, que possédoient les époux, et les biens acquis durant le mariage, étoient communs et de copropriété[1]; de même les dettes passives : *Die dem Mann traut, traut auch den Schulden.*

Le mari disposoit seul de la masse commune; mais il n'avoit pas le droit de donner entre-vifs, d'agir contre l'intérêt de la société, et d'employer des fonds à des entreprises hasardeuses.[2]

Les droits sur la masse commune, à la dissolution du mariage, étoient réglés par la survie; mais les coutumes les modifioient différemment.

S'il n'y avoit pas d'enfans communs, le mari survivant donnoit aux héritiers de la femme la moitié de ses apports; la femme survivante prélevoit ses apports sur la masse commune, déduction faite de toutes les dettes, et partageoit les autres biens avec les héritiers du mari. Ainsi l'établissoit le statut de Lubeck.[3]

Le droit statutaire de Hambourg donnoit à la femme survivante la moitié des biens, l'autre aux héritiers du mari; le mari survivant avoit deux tiers de la masse.[4]

Les propres de l'époux prédécédé étoient remis à ses héritiers, suivant l'adage : *Was einmal in den Erbgang gekommen ist, muss auch in dem Erbgang bleiben.* Le conjoint survivant en étoit exclu.

---

1 Mevius, *ad jus lubecense, lib. II, titul. 2, art. 12, n. 54, edit. de 1744. Statuta Hamburg. Part. 3, tit. 3, §. 3, 4, 8. Statuta Bremensia, part. 3, tit. 3, §. 1, Ord. 86. Statuta Mindensia, lib. I, tit. 13, art. 6. Consuet. Hamb.* Dassel, *art. 1, p. 149, etc.*

2 *J. lubec. lib. I, tit. 10, art. 10, n. 17 sq. Statuta Hamb. part. 1, tit. 9, art. 1.*

3 *M. j. lubec. lib. II, tit. 2, art. 12.*

4 *Hamb. Stat. part. 3, tit. 3, art. 3.*

S'il existoit des enfans du mariage, la communauté se conti-
nuoit entre eux et le conjoint survivant[1]. Les propres de l'époux
prédécédé échéoient aux enfans.

La femme survivante avoit le droit de céder la masse, si elle ne
suffisoit pas au paiement des dettes.[2]

Le droit statutaire de Lubeck autorisoit le mari survivant, qui
se remarioit, à prélever ses armes et ses meilleurs habits. Les
autres biens se partageoient par moitié entre les enfans et le conjoint survivant.[3]

Les statuts de Hambourg donnoient au survivant des deux
époux les deux tiers de la masse, s'il n'y avoit qu'un enfant; s'il
y en avoit plusieurs, la moitié[4]. Ceux de Brême ne lui assignoient
qu'une portion virile : *So viel Mund, so viel Pfund.*[5]

Les anciennes coutumes servent encore de base aux mariages
contractés antérieurement à la promulgation du Code Napoléon.[6]

Théorie de la communauté légale.

§. 1.er

La communauté légale est une espèce de société, établie par la
loi, entre le mari et la femme, en conséquence de laquelle tous
leurs biens mobiliers, les fruits de leurs immeubles, et les biens
acquis durant le mariage, sont communs.

Elle commence du jour du mariage, et l'on ne peut pas stipu-
ler qu'elle commencera à une autre époque (art. 1399); car il

---

1 *J. lubec. lib. II, tit. 2, art. 2.*

2 *J. lubec. lib. III, tit. 1, art. 10.*

3 *J. lubec. lib. I, tit. 5, art. 5, n. 16 sq.*

4 *J. hamb. p. 3, tit. 3, art. 4.*

5 *Stat. Brem. lib. II, tit. 2, art. 2.*

6 Chabot, Questions transitoires, *Communauté conjugale,* §. 1. Arrêts de la Cour
de cassation, du 27 Germinal an 12, et du 8 Prairial an 13.

est défendu aux époux de s'avantager durant le mariage (art. 1395). Pothier, Traité de la Commun. nouv. édit. de 1806, n.° 88 à 91.

La communauté légale a lieu dans toute l'étendue de l'empire, si les parties n'y ont point expressément dérogé (art. 1393). Elle est la suite de tout mariage contracté entre personnes capables; mais aussi les époux qui ont contracté un mariage nul, lui sont soumis, s'ils étoient de bonne foi. Leurs enfans ont de même le droit de recueillir les avantages qui peuvent résulter pour eux de cette société (art. 201 et 202). Le mineur est régi par la communauté, s'il a contracté mariage dans les formes prescrites (art. 148 à 150, 160, 1095 et 1398); de même l'étranger. Pothier, n.° 21.

§. 2.

Tous les biens mobiliers que possédoient les époux au jour du mariage, les meubles qui leur échoient pendant sa durée, et les immeubles acquis, forment une masse commune (art. 1401).

Le mari est obligé de faire inventaire des successions en partie mobilières, en partie immobilières, qui échoient à l'un des deux époux (art. 1414 et 1415).

Le Code Napoléon détermine la qualité des meubles (art. 517 à 536). Les meubles détachés d'un immeuble n'entrent pas en communauté, ni ceux qui excèdent la part disponible de l'époux remarié (art. 1098 et 1496).

La communauté est regardée comme usufruitière, à l'égard des immeubles personnels; elle n'a pas droit à tous les fruits (art. 582 et s., 1403). Merlin, Répert. art. *Communauté*. Pothier, n.° 224.

La qualité d'acquêt est présumée (art. 1402). *Ei incumbit probatio, qui dicit.*

§. 3.

Le mari est chef et seul seigneur de la masse commune (art. 1421 et 1428); il en dispose d'une manière absolue, et sans que le consentement de la femme soit nécessaire. Pothier, n.° 458.

« La femme ne peut obliger la masse commune qu'avec consentement du mari (art. 1420, 1424 et 1426) : *Conjuncta inter nuptias proprie non est socia , sed speratur fore.* La femme, autorisée par justice, n'engage la communauté que pour ce que celle-ci a amendé (art. 1417, 1426 et 1427).

§. 4.

Le mari n'a pas le droit de disposer, par donation entre-vifs, des immeubles communs, d'une quotité ou de l'universalité des meubles, à moins que la femme ne consente : *Nemo volens fraudatur.* Il peut disposer des effets mobiliers, pourvu qu'il ne s'en réserve pas l'usufruit (art. 1422).

La dot d'un enfant commun est regardée comme dette commune (art. 1439).

L'enfant d'un mariage précédent est personne interposée (art. 1099, 1100 et 1422). MERLIN, Répert. art. *Communauté.*

Le mari doit récompense des avantages personnels qu'il a retirés de la masse commune (art. 1437 et 1470). La femme a la même obligation. *De bien commun on ne fait pas monceau.*

Les dispositions frauduleuses donnent lieu à récompense. POTHIER, n.° 449. (Arrêt de la Cour de cassation, du 30 Juin 1807.)

§. 5.

La communauté est tenue de toutes les charges du mariage (art. 1409).

Les dettes mobilières des deux époux, contractées avant le mariage, sont à la charge de la communauté ; elle est aussi tenue des dettes contractées par le mari durant le mariage, et de celles que contracte la femme avec le consentement du mari (art. 1426 C. N. et art. 5 du Code de commerce).

Les dettes de la femme, contractées antérieurement au mariage, ne deviennent communes que lorsqu'elles ont date certaine (art. 1410).

La communauté doit aussi le passif des successions mobilières, échues aux deux époux, et les dettes des successions en partie mobilières, en partie immobilières, d'après le montant du mobilier (art. 1409, 1411, 1413, 1414, 1418). Elle doit les réparations usufructuaires des immeubles personnels (art. 1409, 605), et les arrérages ou rentes personnelles à l'un des époux : Qui a l'actif, doit aussi le passif.

§. 6.

La femme a le droit de renoncer à la communauté, lorsque cette société vient à se dissoudre ; mais il faut qu'elle ne se soit point immiscée dans les biens (art. 1454), et qu'elle ait fait bon et loyal inventaire (art. 1456 et suiv.). L'inventaire n'est pas requis, si la femme ne se trouve saisie de la masse. POTHIER, n.° 552. Ce droit de renoncer est d'ordre public (art. 1453).

La femme qui renonce perd tous ses droits sur la masse commune ; elle prélève ses indemnités, et doit récompense des avantages personnels (art. 1492, 1493 et 1495). Elle est tenue, comme caution, des dettes contractées conjointement avec son mari, et elle reste obligée, pour les dettes provenues de son chef, sauf le recours contre le mari (art. 1431 et 1494).

Elle a droit à logement et nourriture pendant trois mois et quarante jours après la dissolution du mariage, de même qu'aux frais de deuil (art. 1465, 1481). Elle retire aussi les linge et hardes à son usage : *Non debet abire nuda* (art. 1492).

Si la femme ne renonce pas formellement, elle n'est tenue des dettes que jusqu'au montant de ce qu'elle a amendé de la masse commune, pourvu qu'il y ait inventaire (art. 1459, 1483).

§. 7.

Si la femme accepte la communauté expressément, ou par quelque fait d'où l'acceptation peut se conclure (art. 778, 1454), elle a droit de partager l'actif de la masse commune, et elle doit còncourir à l'acquittement des dettes passives.

Le partage peut être provoqué par tout individu intéressé dans la succession : *Nemo in communione manere debet* (art. 815).

Cependant le mineur ne peut pas demander le partage définitif des immeubles; mais il peut y être provoqué (art. 465, 466, 838, 839).

Les époux prélèvent leurs indemnités : la femme a toujours préférence sur le mari, et elle a le droit d'exercer ses reprises sur les immeubles personnels du mari, si la masse commune ne suffit pas (art. 1470 à 1472). Les époux ne prélèvent pas leurs créances personnelles (art. 1478).

Le reste de l'actif se partage à portions égales (art. 1474).

La garantie du partage est déterminée par les règles prescrites pour la succession (art. 884).

§. 8.

Les dettes passives se partagent aussi par moitié (art. 1482) ; mais les deux époux sont différemment tenus envers les créanciers, d'après l'origine de ces dettes.

Chacun des époux doit la totalité des dettes procédant de son chef : *Nemo propriam personam exuere potest.* Il a recours pour leur moitié contre l'autre époux (art. 1484, 1486), s'il est poursuivi par les créanciers. POTHIER, art. 751.

L'obligation solidaire produit son effet (art. 1431, 1487, 1202).

La femme n'est tenue que de la moitié des dettes auxquelles elle s'étoit obligée conjointement avec son mari (art. 1487) ; mais elle n'a pas droit de réclamer ce qu'elle auroit payé au-delà de la moitié, à moins qu'elle n'ait été en erreur (art. 1488) : *Indebitum est etiam si id, quod alius debet, alius, quasi debeat, solvit.*

§. 9.

Les immeubles que possédoient les époux au jour du mariage, et ceux qui leur sont échus à titre gratuit, n'entrent point en communauté (art. 1404, 1405).

La coutume de Paris déclaroit communs les immeubles échus en ligne collatérale (art. 220). POTHIER, n.° 151.

Si le titre ou la cause de l'acquisition précède le mariage, l'immeuble est personnel, ne fût-il acquis que pendant le mariage : *Qui actionem habet, ipsam rem habere videtur.* (Art. 1407, 1408.)

Le mari n'a pas le droit d'aliéner les biens personnels de la femme sans son consentement, ni la femme sans le consentement du mari (art. 1428). Le mari en est l'administrateur (art. 1421, 1429 et suiv.); il est garant du remploi du prix des immeubles aliénés (art. 1433 et suiv.; 1449 et suiv.).

Il n'entroit pas dans mes vues, de discuter ici les questions qui peuvent s'élever au sujet de la communauté.

J'ai préféré de développer l'historique de cette institution, obscurci par toutes les difficultés qu'offre l'histoire de nos coutumes, mais devenu intéressant depuis que la communauté fait le droit commun de la France. Heureux, si mes efforts ont répandu quelque jour sur une matière si peu éclaircie !

FIN.